Herr, unser Gott,
Du hast uns auf die große Reise geschickt,
die Reise unseres Lebens.
Wir bitten Dich:
Bleib uns zur Seite auf unserem Weg,
einem Weg, der über die Höhen führt,
aber auch durch manches dunkle Tal.
Lass uns nicht müde werden
und trotz aller Umwege
einmal das Ziel erreichen,
zu dem wir unterwegs sind.

Alfred Schilling

Die Wunderpillen

Ein Arzt machte seine gewohnten Besuche bei seinen Patienten im Altenheim. Auch dieses Mal fiel ihm wieder, wie schon so oft, ein alter Mann auf, der stets zufrieden und fröhlich war.

Heute sprach er ihn an und fragte nach dem Geheimnis seiner Freude. Strahlend antwortete der Alte: »Herr Doktor, ich nehme jeden Tag zwei Pillen ein!« Daraufhin meinte der Arzt »Zwei Pillen nehmen Sie täglich? Die habe ich Ihnen doch gar nicht verordnet.« Verschmitzt lachte der Alte, »Das können Sie auch gar nicht, Herr Doktor. Am Morgen, wenn ich aufstehe, nehme ich gleich die Pille der Zufriedenheit, und am Abend, bevor ich einschlafe, nehme ich die Pille der Dankbarkeit. Diese beiden Pillen haben bisher ihre Wirkung noch nicht verfehlt.«

»Das will ich Ihnen gern glauben«, meinte der Arzt. »Ihr Rezept werde ich weiterempfehlen.«

Gott, du hörst mein Gebet, darauf vertraue ich. Du kennst meine Gedanken, bevor ich sie ausspreche, du hältst deine Hand unter mein Leben, darüber freue ich mich.

Wunderbarer Gott, mein Schöpfer, alles, was ist, erzählt von deinen liebevollen Gedanken, von deiner Umsicht für alles, was lebt.

Mädchen mit schwarzen Haaren

Der Tag ist hässlich. Grau, fast lichtlos, mit tief hängenden Regenwolken über der Stadt. Es nieselt. Im Autobus der Linie 12 herrscht Gedränge. Feuchtigkeit, aus Kleidern aufsteigend, macht die Luft schwer, stickig und dumpf. Das Mädchen hat dunkle Augen und ganz schwarze Haare. Es ist vielleicht zwölf Jahre alt und hübsch.

In einer engen Kurve legt sich der Omnibus unvermutet schräg. Die Menschen, die für einen Augenblick keinen Halt finden, werden durchgeschüttelt. Plötzlich schreit eine Frau, die neben dem Mädchen steht: »Sie hat mich gestoßen! Sie hat mich geboxt, das freche Ding, das ausländische.« Die Frau um die fünfzig ist gut gekleidet. Die anderen Passagiere schauen betreten auf den Boden oder starren auf die von Feuchtigkeit beschlagenen Fensterscheiben.

»Unerhört ist so etwas.« Die Frau steigert sich sichtlich in die Wut. »Von diesem Ausländergesindel muss man sich herumschubsen lassen. Fahrer, bitte

anhalten! Das freche Ding hat kein Recht, anständige Bürger zu belästigen. Es soll zu Fuß nach Hause gehen. Das muss sie dort, wo sie herkommt, auch tun. Fahrer, Sie sollen halten! Ich verlange, dass Sie die unverschämte Ausländergöre von der Weiterfahrt ausschließen.« Die Leute neben ihr drehen sich zur Seite, verlegen, aber niemand sagt etwas. Nur das Mädchen setzt zum Sprechen an. Vielleicht will es etwas erklären oder sich für den unverschuldeten Anrempler entschuldigen. Doch nach dem Wutausbruch der Frau schweigt es auch. Mit großen, schwarzen Augen voller Angst und Ratlosigkeit starrt es auf die Schreiende.

»Ja, hilft mir denn niemand? Fahrer! So halten Sie doch endlich. Sie sollen die Ungezogene hinausweisen!« Der Omnibus bremst. Haltestelle. Der Fahrer dreht sich um. Er schiebt die Dienstmütze in den Nacken, dass sein volles blondes Haar darunter hervorschaut. Er ist jung. »Das Mädchen bleibt da«, sagt er kurz. »Es ist meine Tochter.« Die Gesichtszüge der Frau scheinen sich zu versteinern. Das Wort hat sie getroffen wie ein Hieb. Sie ringt nach Luft. Dann springt sie in letzter Sekunde, nur einen Augenblick, bevor sich die Türen zischend schließen, aus dem Autobus. An der Endhaltestelle kommt das Mädchen nach vorn zu dem Fahrer, nachdem die letzten Passagiere das Fahrzeug verlassen. »Danke«, sagt es. »Ist schon gut.« Der Fahrer nimmt ihre Hand. Und dann lacht er sie voll an. »Ich habe tatsächlich eine Tochter. Ihr werdet ungefähr gleichaltrig sein, und sie hat fast so schöne Augen wie du.«

Das Wesentliche

Ein altes Märchen erzählt, wie ein junger, wissbegieriger König die Gelehrten seines Landes beauftragte, für ihn alles Wissenswerte der Welt aufzuschreiben. Sie machten sich bald an die Arbeit. Nach vierzig Jahren legten sie das Ergebnis in tausend Bänden vor. Der König, der inzwischen schon sechzig Jahre alt geworden war, sagte: »Tausend Bücher kann ich nicht mehr lesen. Kürzt alles auf das Wesentliche.«

Nach zehn Jahren hatten die Gelehrten den Inhalt der Geschichte der Menschen in hundert Bänden zusammengefasst. Der König sagte: »Das ist noch zu viel. Ich bin schon siebzig Jahre alt. Schreibt nur das Wesentliche!« Die Gelehrten machten sich erneut an die Arbeit und fassten das Wichtigste in einem einzigen Buch zusammen. Sie kamen damit, als der König schon im Sterben lag. Dieser wollte wenigstens noch das Wesentlichste aus der Arbeit der Gelehrten erfahren. Da fasste der Vorsitzende der Gelehrtenkommission das Wesentlichste der Geschichte der Menschheit in einem einzigen Satz zusammen: »Sie lebten, sie litten, sie starben. Und was zählt und überlebt, ist die Liebe.«

Erst mit leeren Händen eingelassen

Es kam jemand im Himmel an und bat um Einlass. Und da sagte man ihm: Du kannst hereinkommen, wenn du noch mal auf die Erde gehst und das bringst, was dir auf der Erde als das Wertvollste

erscheint oder erschien. Sehr traurig ist der Mensch wieder auf die Erde gegangen, und da ist es ihm gelungen, in den Besitz des Kronschatzes des Königs Kyros zu gelangen. Und er bringt diesen großartigen Kronschatz in den Himmel. Und da schauen sie das alles an und sagen: Das bedeutet hier überhaupt nichts. Unsere Straßen sind gepflastert mit Edelsteinen. Unsere ganzen Wände bestehen aus Gold. Das hat keinen Wert. Das ist ja nur Material. Da geht er tieftraurig wieder weg, wieder auf die Erde, und da gelingt es ihm, das Schwert Alexanders des Großen zu kaufen. Und er bringt es nach oben. Und als sie das Schwert sahen, sagten sie: Alle Macht, die auf der Erde Bedeutung hat, bedeutet hier überhaupt nichts. Geh hinunter und versuche wirklich das zu bringen, was das Wertvollste ist. Und er ging nochmals hinunter auf die Erde.

Er stieß in Archiven, in denen er Monate zubrachte, auf die nicht veröffentlichten Sprüche von Salomo. Schließlich brachte er den gefundenen Schatz in den Himmel. Doch schon im Neuen Testament heißt es, dass alle Weisheit dieser Welt nichts zählt. Auch diese berühmten, noch nicht veröffentlichten Weisheitssprüche von Salomo bedeuten nichts, sagte man ihm. Und wieder ist er sehr traurig. Er wird nämlich nochmals zurückgeschickt. Und er sucht und sucht und sucht. Er musste diesen ganzen Weg gehen. Er musste alles untersucht haben. Er musste alles versucht haben. Und dann kam er schließlich herauf mit leeren Händen - und jetzt wurde er eingelassen.

Die Zaubermünze

In einem kleinen Ort lebte ein Mann, der besaß eine alte, wertvolle goldene Münze. Eines Tages, als er seine Münze betrachtete und sich an ihrem Glanz erfreute, dachte er: Es ist doch schade, dass nur ich Freude an dieser Münze habe, und er ging hinaus auf die Straße und schenkte die Münze einem Kind.
Das Kind konnte sich gar nicht sattsehen an dieser Münze, es rieb sie an seinem Ärmel noch blanker und schaute sie immer wieder voller Freude an.

Plötzlich dachte es sich: Ich will die Münze der Mutter bringen. Sie hat so viele Sorgen, und nie reicht das Geld, sie wird sich freuen. Natürlich war die Mutter glücklich über die Münze. Sie überlegte, was sie wohl als Erstes anschaffen sollte, da klingelte es, und vor ihrer Tür stand ein Bettler. Er tat ihr leid, er sah aus, als hätte er schon längere Zeit nichts mehr gegessen, und seine Kleidung war alt und schon an einigen Stellen durchlöchert, sicherlich hatte er auch keine Wohnung. Da schenkte sie ihm die Münze, denn der Mann war noch ärmer als sie. Der Bettler konnte sein Glück nicht fassen. Er lief die Straße hinunter und wollte in das nächste Geschäft, sich etwas Essen zu kaufen. Neben der Ladentür saß ein anderer Bettler; der saß auf einem Brett, unter dem Rollen befestigt waren, denn er hatte keine Beine mehr. Da sagte sich der Bettler mit der Zaubermünze: Was geht es mir doch gut, immerhin kann ich laufen, ich kann von Haus zu Haus gehen und um ein Stück Brot bitten - und er schenkte die Münze dem Bettler ohne Beine.